Brande

(in versi)

Arcadio P. Macad

All'anima. Alle sue ombre,
ai suoi tormenti.

Oh! la carne, concime seducente e vivente,
putrefazione che cammina, che pensa,
che parla, che guarda e che sorride…
e che è rosea, graziosa, tentatrice,
ingannatrice come l'anima.

Guy de Maupassant

IV

Amata polvere

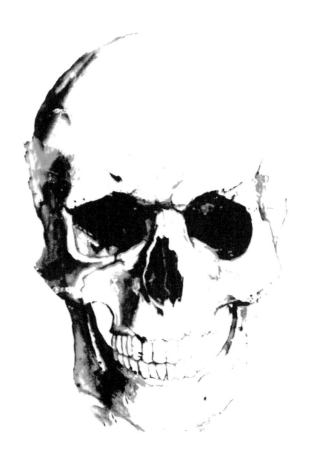

La mia quiete

Alla fine di ogni mio giorno
mi ritrovo da solo nel tempo,
sì mi guardo allo specchio riflesso
setacciando la mente da dentro.

Ora inizio a filtrare i pensieri…
il mio Odio, la Rabbia, Vendetta;
poi il resto che avevo lasciato…
il mio Amore, Passione, il Perdono.

Scarto mille e più mille parole
perché quello che cerco è la quiete,
il silenzio di tombe interrate
luogo vero d'eterno riposo.
La mia quiete che chiusa in le tenebre
già mi attende più cupa di sempre…
questa quiete che ormai assaporata
ha un mielato sapore di morte.

Letto di terra

Non rimane che scavarsi la fossa in la terra.
E se sarò io a scavare e sudare,
allora godrò dolcemente di questo riposo.

La notte è prossima,
la terra…fresca.

La vita di ognuno si perde nel vuoto…
schiava di un dio inesistente.

Illusione

E lui sorrise.
Ma era già morto.

Raccontava di storie accadute nel tempo
e con gesti di grande illusione
mimava gli eventi del fuoco, dell'aria.
Guardava quel solo orizzonte infuocato
e diceva di donne e danari.
Ma era già morto.

E rideva allo schiatto del rospo.
Rideva.
E agitato insisteva a guardarmi negli occhi,
a parlare alla mia anima.
Ma era già morto.

Forse tutti lo siamo…già morti.

Solo.
Prigioniero nel vortice oscuro di un'ombra…
Perché vivere ?

La furia del demone

M'è dentro la forza dei demoni…
ed ogni pensiero nascente
è frutto d'istinti violenti.

Sento la furia dei venti
ad ogni profondo respiro;
il fuoco dell'Ira tuonante
per singola goccia di sangue.
L'Odio, la Rabbia e l'Eterna Vendetta
sembran piantati come sequoie in la mente.

E se porto la notte negli occhi,
è per proteggere il Resto
dalla furia vivente ch'ho dentro.

Sento il silenzio dei morti e…
non sono nato per caso.

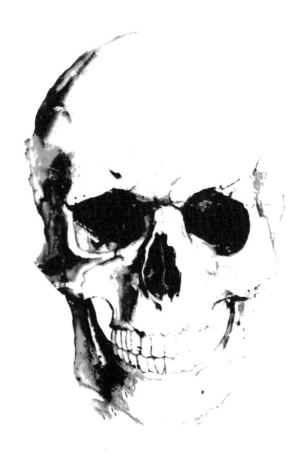

La notte è alle porte…
…le porte del buio,
dove e attraverso io vago
bussando ai sogni dei vivi.

Sussurri

Non rimane che piangere
e odiare la vita.

Sento la follia alle mie spalle…
il suo Silenzio.

Ogni cosa sussurra.

Di notte

Spaventa il mare che di notte
coll'onde inghiotte, ebbro, ogni silenzio;
abissi oscuri già dai primi passi
ed acque nere e tetre come pece.

È sempiterno il cielo all'orizzonte
e sempiterni i nembi a questi occhi.

Spaventa il mare che di notte
coi flutti avvolge ogni mia ossessione;
e l'acque fredde e cupe a questi piedi
son morte e sepoltura di quest'anima.

Vita e Morte

Mi chiese chi fossi e risposi "la Vita";
risposi "Saggezza e tutto lo Vero".
La presi per mano e con calma infinita
lessi in suoi occhi il solo mistero.

Guardai quel profondo scorgendone il fuoco,
Lei era il Caos, il Fato, la Sorte.
L'amai per l'eterno e il suo nome ora invoco.
Le chiesi chi fosse e rispose "la Morte".

XXVI

La stagione dei tormenti

Il desiderio dei suoi occhi mi trafigge,
la brama voglia del suo corpo mi sconfigge.
L'arcano senso del possesso mi devasta,
se penso a lei il sentimento s'accatasta.

Voglio il suo cuore in questo piatto fatto d'oro,
voglio lei sappia ne farò il mio tesoro.
Darò in baratto la mia anima malata
che dal destino e con il sangue è condannata.

Così dall'orbite mi caverò le due pupille;
le metterò nelle sue mani calde e forti.
E lei vedrà ciò che io vedo e più faville,
vedrà lo vero e poi le ombre dei miei morti.

Mi giace in petto quel suo odore travolgente
perché son schiavo e servo oscuro di passione.
Nei miei silenzi il suo pensiero è sconvolgente;
è follia pura, amor di amante ed ossessione.

Nuda

Nuda ti voglio! Per sempre nuda,
donna di curve e peccato di carne.
Senza le vesti, porco d'un Giuda!
Senza segreti: non saprei che farne.

Fa' che ogni tuo senso mi porti in balia
della dolce tempesta di un'attesa che fugge,
e poi gettami al fuoco d'ogni tua fantasia
ove l'anima mia nel delirio si strugge.

Voglio il tuo corpo, il tuo cuore, la mente.
Voglio l'anima tua, ogni tuo sentimento.
Mettiti nuda e viviamo il presente.
Nuda ti voglio! Senza alcun pentimento.

Sogno perverso

Con gli occhi socchiusi dal sonno
ricado nel regno degl'Inferi.
Lucifero ha scelto la forma
di donna viziosa di carne.

Così m'abbandono ai suoi occhi…

Un brivido acuto mi spacca
se sua lingua percorre il mio corpo.
La sua fiamma consuma il mio inverno
ogni sempre io risponda all'insulto.
E il sollazzo di primitivi profumi
è l'assalto ai miei sensi nascosti.
Le sue forme e i suoi luoghi segreti
son violente e spasmodiche apnee…
tra le membra il mio mare è tempesta
che infuriata inonda i suoi sensi.

Il sesso è l'amore del male!

Ed il gioco perverso maligno,
intrecciante il mio corpo a Lucifera,
mi spinge al confine d'orgasmo.

Eccitato, nell'acuto dei sensi,
resto schiavo di peccati bestiali.

Davanti ai miei occhi

La mia mente impazzisce di voglia
se tu passi davanti ai miei occhi,
tu che usi la carne del corpo
per indurre i miei sogni al peccato.

Il tuo seno m'ispira follia,
i tuoi occhi...un istinto animale,
la tua pelle...carezze di seta,
le tue labbra...la voglia infernale,
il tuo culo...il mio vizio regnante.

Ed ho fiamme nel petto e nel cuore
quando passi davanti ai miei occhi.
La tua carne ha mangiato il mio amore
e i miei istinti han trovato il risveglio.

Patto magico

Unghie di drago per strapparmi al tuo potere.
Strapparmi gli occhi e lasciar orbite nere.
Lama tagliente ed affilata dall'Arcano:
l'eco e il tuo nome non risuoneranno invano.

Senza lingua a colpo netto di fendente
io cadrò schiavo al tuo pensiero seducente.
Più senza sensi ingoierò il mio dolore
e tu sarai l'ignara dea di questo orrore.

E magia Nera, Bianca e Rossa e quella Antica;
poi il Grimorio e gli amuleti e poi fatica.
Firmato è il patto sicché smetta di pensarti...
Ch'io possa spegnermi e smettere d'amarti.

Amore mio amami

Amore mio amami. Amami sempre,
come s'ama un figlio che si porta nel ventre;
come s'ama un padre se sei ancora bambina;
come s'ama ogni alba nella fresca mattina.

Per sempre odiami. Odiami a morte,
come s'odia il destino quando giunge la sorte;
come s'odia un peccato dopo ch'è consumato;
come odi la vita...perché mi ha generato.

E ricorda i miei occhi. Ricordali ancora,
come dolce memoria dell'amore di un'ora;
come fuoco e passione che ci scorre nel sangue;
come prova di vita che ci ha uniti la carne.

Amore mio amami. Amami sempre,
come s'ama il peccato che ha nutrito il serpente;
come s'ama l'amore dell'eterno e di un giorno;
come s'ama il passato che non può far ritorno;
come solo tu, donna, sei riuscita ad amare
questo povero diavolo che t'ha fatto del male.

Un alterato amor muore in silenzio,
nei giorni vuoti senza l'altro a fianco.

Ogni dolore in sogno poi si avvera
e tutto prende forma di tormento.
Ma mai raccoglie fiori o primavera
chi nel passato seminò il suo vento.

Il vero amore tace e si dispera
nei giorni pieni d'odio e turbamento.

Fiumi di lacrime e sangue amaro in petto…
il silenzio si contorce nel dolore.
Quell'illusione ch'è sogno assai perfetto
dal gusto dolce che poi cambia il suo sapore.

È tutta finta la vita degli umani!
Fatta di inganni e desideri immani!
In solitudine io vivo con fierezza,
perché nel cuore ho già la morte, la certezza.
Ed indi l'anima s' eclissa dietro l'ombra,
tu l'hai esiliata nella pace d'una tomba.
Poi si distrugge e ancora esplode in mille schegge...
perché l'amor, come la guerra, è senza legge.

Il sogno erotico svanisce ed è peccato.
Ciò che rimane è l'uomo vuoto accartocciato,
ed il ricordo tra i meandri della mente
della tua pelle e il suo profumo seducente.

Lei

Protetto e confortato dalla notte
ho abbandonato il sogno dell'inventio,
ho fatto mio il tesoro del silenzio
scacciando le altre anime corrotte.

E a lei ho poi affidato questa vita
scartando dal mio tempo solitudine.
Ho ripudiato il mostro e l'inquietudine
che aveami trasformato in eremita.

E infine tutto è morto in modo indegno,
gli sguardi, le carezze, le parole;
abbandonato al gelo dell'inverno
il sacro santuario dell'amore.

Guarisci o tempo caro le ferite!
Da me tieni lontano Mietitrice!
Tu che rincuori l'anime smarrite
ristagna il sangue e lascia cicatrice.
Così tra le mie carni e nella mente
avrò il ricordo del suo corpo amato...
Di lei e solo lei che dolcemente
mi ha ucciso dentro e infine sotterrato.

Contorcersi all'ombra del tormento
è un vile e personale giuramento.
La dolce resistenza al sentimento
che porta all'odio senza pentimento.

Per questo il mio demonio condannato
rigetta quell'amor rigenerato,
reflusso del dolore già ingoiato
che torna in bocca amaro e insanguinato.

O madre d'ogni madre, dea Giunone!
Negli occhi tuoi ritrovo tentazione;
tra queste braccia cerco dannazione;
sul seno tuo la dolce perdizione.
Perché nel tuo veleno ch'è sorgente
s'abbevera quest'anima cadente.
E tutto muore, sorge e poi risplende;
aspetta la tua scure, il tuo fendente.

Nel solitario ventre di te, Madre,
laddove anche il silenzio è morto e tace,
ritornerò a quell'ombra come il padre
e troverò la morte...la mia pace.

Ho già venduto l'anima al Maligno

Ho già venduto l'anima al Maligno,
al demone dall'occhio nero e arcigno;
per non aver memoria dei tuoi occhi
e udir la Nera Ora e i suoi rintocchi.

Ma Satana è un diavolo bugiardo,
che stringe un patto solo a suo riguardo;
che adula lo spirito soffrente
portandolo nell'Ade gentilmente.

E muoio dentro e mi si gela il sangue
entrando con timor nel regno suo,
poiché Lui ghigna della mia tragedia
e più lo guardo e più ha il volto tuo.

L

Eco

Sentii narrare dalla voce del mio avo
che tutto nasce dentro al nostro petto,
e che l'amore eterno ti fa schiavo
e infine poi t'ammazza se costretto.

Ma solo le ferite sopra al corpo,
create dentro e fuori col fendente,
ci danno l'esperienza d'ogni morbo,
la traccia su quest'anima impotente.
Poi scavano le piaghe col ricordo
che vivo ogni dolor porta alla mente.

Provai così nel giorno più propizio:
volgendo la mia voce al precipizio,
ma era il mio silenzio a ritornare
perché nel tempo avevo osato amare.
Poiché ne mai si chiude col passato
mi feci un cuore nero, corazzato;
vi misi dentro Terra Maledetta
bruciata con il fuoco di saetta.
E vi piantai un seme con orgoglio,
di Rabbia e Odio, piccolo germoglio.
Poi col mio stesso sangue l'ho annaffiato,
nutrito con l'essenza del peccato.

Ed or la linfa oscura nelle vene
mi fa Signor di penitenze e pene.
E s' io urlassi al vento il nome mio,
chiarosonante l'eco dirà..."Dio!".

Ho un desiderio che mi strazia e mi tormenta,
un fuoco vivo che di notte mi spaventa;
di Lei la voglia che nel petto mi violenta
e del suo sesso e penso "fa che non mi senta".

Ma l'urlo tuona come un grido di tempesta
e ogni suo sguardo mi distrugge e mi ridesta
poiché il suo corpo placa ogni ira funesta...
Voglio il suo cuore e la sua grazia manifesta.

Troverà pace il mio tormento sul suo seno,
l'oscura voglia dell'abisso ch'ella ostenta.
Nella sua carne muoio, vivo e m'avveleno...
la voglio e prego..."fa che non mi senta".

Nati nel pianto

Reflussi orridi e vortici nel cranio…
L'Amor sepolto nella fossa che hai scavato…
Frammenti d'ossa di ricordi, sparpagliati…

Non siamo niente e vomitiamo ancor sul mondo.
Nulla appariamo agli occhi di altre nullità,
se non pupazzi senza cuore e senza sangue:
schiavi del Vuoto che ci avvolge in la sua ombra.

Nati nel pianto per soffrir e morir silenti,
già miserabili in crudeli sentimenti,
senza più luce, senza fiato o rei lamenti…
poiché l'amore nasce e muore nei tormenti.

Maledirai il mio respiro

Io sono un diavolo malvagio e maledetto,
poiché da fiamme dell'inferno son protetto.
Il mio destino è scritto a sangue sì perfetto
che ogni giorno pare fatto a mio progetto.

E vita, odio e ancora morte e penitenza,
tutto s'annida nel mio petto con violenza.
Per questo vomito me stesso e la coscienza
e volgo all'Ira come unica esistenza.

Ed userò così l'inganno e la menzogna
per meritare amaro sangue e poi la gogna;
la forza bruta e la potenza dell'inchiostro
per far di te la schiava degna del mio mostro.

Maledirai, infine o donna, il mio respiro
e non sarai coll'occhi e carni più magnanima.
Poi spegnerai il fuoco ardente in un sospiro
lasciando esangue il demonio che ho nell'anima.

Scaduto è il tempo dei miraggi

Negli attimi d'oscura fantasia
distacco i miei pensieri dalle tenebre,
poi brucio idee che erano violenza
per rianimare il fuoco nel mio petto.

All'improvviso appare la tua forma
ch'è mia, nei sogni più nascosti;
d'un tratto sfioro la tua pelle bruna
e sento il tuo respiro nella mente;
la lama già tagliente dei tuoi occhi
mi fa versare sangue sul tuo Amore.

È follia il pensiero che nel cranio
si agita creando la tua ombra;
è l'inferno che brucia e che distrugge,
che invoca la tua carne di ragazza.

Ma è già scaduto il tempo dei miraggi,
il tempo che quell' anime infuocate
ha unito nel peccato dell'amore…
…dissolto come un'eco nel silenzio
l'ardente fuoco che ci ha resi amanti.

Sono furioso come un diavolo in catene,
sbavo di rabbia al tuo cospetto, maledetta!
Per questo corpo e la tua anima imperfetta,
per il tuo amor che partorisce le mie pene.

Sono impazzito come un cane colla rabbia,
come il leone più selvaggio chiuso in gabbia.
Un dissennato dal tuo sesso e dal tuo odore…
dalla tua carne ed i tuoi spasmi di fervore.

Mi rende schiavo ogni tuo impeto spavaldo,
un tuo devoto, come i servi del passato.
Tu sei la morte, la passione e amor bugiardo;
sei l'immortale desiderio del peccato.

Naufragio

*Ancora il canto vivo del tormento
mi spinge nel naufragio tra le onde;
e poi un immenso vuoto scava dentro,
di Lei il sogno che già mi confonde.*

*Ecco, la nera nave di Odisseo:
sireneo canto d'amor ch'illude e inganna
coll'onda dei ricordi che m'affanna
issando ogni dolore a mio trofeo.*

*Ancor più dolce è adesso il mio arrivare
tra freddi e bui fondali per perire.
E ancora in fondo all'anima scavare,
nuotare negli abissi, spirando risalire.*

Il tuo silenzio

Ancora un giorno e poi sarò un pasto ai vermi,
ritornerò ad esser polvere dannata.
Rimpiangerò la fredda pioggia e cento inverni
e le tue labbra, la tua pelle profumata.

E ancora tempo bramerò per questa sorte
che ho barattato al giusto prezzo della morte.
Vivrò il rimorso di una misera esistenza
che del dolore è vile e amara conseguenza.

E scaverò una grande fossa attorno al cuore;
estirperò con queste mani quel tuo amore.
Poi del mio sangue impregnerò la terra morta
così l'inferno giungerà alla mia porta.

E poi le fiamme bruceranno eterne e lente
poiché per te sono già morto crocifisso.
Vedrò il tuo occhio che mi uccide da fendente...
Il tuo silenzio che m'affossa nell'abisso.

LXVI

Nel nome del padre

T'abbraccerò più stretto

Alla tua morte, o padre, nel silenzio
ho cercato le risposte al mio dolore.
Ho annegato i miei pensieri nell'assenzio
barattando con la rabbia questo cuore.

Per un tempo molto lungo ho seminato
un odio eterno: il raccolto del mio fato.
Poi rinsavito dal più cupo sempiterno
col tuo ricordo ho camminato nell'Averno.
Ho camminato a passo lento in mezzo ai morti,
tra i maledetti e i perdonati poi risorti.
Ho atteso il sangue e poi la notte e l'alba rossa...
Mangiato polvere e cercato le tue ossa.

Nei deliranti e arcani sogni d'ogni notte
ti vedo, o padre, e sento il fuoco riscaldarci.
Per regni oscuri io t'abbraccerò più stretto
e insieme, infine, torneremo a risvegliarci.

Continuo a scavare la terra

Ho scavato con le mie mani
quand'ancora la terra era fresca;
ho cercato nelle sue viscere
membra care ormai prive di vita.
Ho scavato col sangue alle unghie
e le lacrime agli occhi già umidi,
ho bramato finisse quest'incubo…
improvviso delirio nel letto.

(Non ha pace chi annega il presente
nell'oceano del proprio passato)

Continuo a scavare la terra
cercando quel corpo a me caro
e più affondo e più sento l'arsura
dei ricordi di giorni avvenuti.

…il lavoro aumenta la sete
delle più atroci vendette.

La Morte nella notte

La Morte nella notte è già silenzio;
è l'ombra oscura che trafigge l'anima.
Lei vaga tra i pensieri dei mortali
stracciando con dolcezza ogni respiro.

La Morte nella notte porta i sogni;
è l'ombra dolce e viva dei ricordi.
Lei vaga e dona a inutili creature
rimpianti tormentati del passato.

La Morte in questa notte è mia soltanto;
è l'ombra che ha sembianza di mio padre.
Lei dice d'esser madre premurosa
e in seno suo abbraccio il mio antenato.

Giunta la notte

Quando la notte soggiunge
ed il buio ha il suo sopravvento
spero nel sonno più eterno
ch'io abbia mai fatto in la vita.
E prego che il tempo notturno
si fermi osservando i miei sogni;
mi lasci parlare con te
che sei la mia guida di sempre.

Ma quando la notte s'insinua
e le tenebre regnano sole,
padre io torno al passato
dannando la morte tua viva.

Parlo con mio padre ch'è già morto

Or sento l'energia dentro le vene
già scorrere tra i vasi miei sanguigni:
l'oscura onnipotenza delle Tenebre
che nel mio petto è forza e poi dolore.
E scavo tra le ossa dei miei morti,
risorgo e scalo vette inarrivabili,
poi urlo, sbavo, piango e odio il mondo...
uccido e vengo ucciso e perdo sangue.
E poi le voci urlanti dentro al cranio,
poi solo spettri orrendi del passato.

Or sento l'energia dentro le vene
già perdere il controllo della rabbia,
l'Amore che mi tiene in una gabbia
dissolto tra le lacrime e le pene.
E parlo con mio padre ch'è già morto,
coi demoni che sogno nella notte;
mi sveglio come il Cristo ch'è risorto
assieme a tutte l'anime corrotte.

Or sento l'energia dentro la mente
che mi fa dir "l'Archètipo son io!"...
e parlo con mio padre ch'è già morto...
e il resto è imitazione, anche dio.

LXXVIII

Preghiere della sera

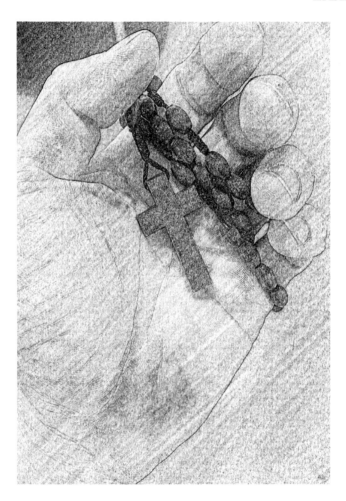

Atto di dolore…

…mi contraggo e mi pento con grande dolore
dei vecchi peccati mi dolgo col cuore.
Per l'odio profuso ho meritato i castighi,
perché schiavo di carne e poi cento e più intrighi.

E t'ho offeso e scordato e sopra ogni cosa
ho creduto all'amore, che nascesse da rosa.
Tu che sei stato buono ma nascosto in profondo
e sei il dio delle cose, nel tuo regno e nel mondo.

Mentre io sono indegno e reclamo il tuo aiuto,
tu non hai più speranze per quest'uomo perduto.
Perché ormai di fuggire a occasioni e peccati…
farai prima a gettarmi…coi fratelli, i dannati.

Amen

Credo

Credo in un Dio, Padre e Creatore,
che mi ha generato malvagio e impostore;
nel dio Onnipotente di Cielo e di Terra,
delle cose invisibili , di Morte, di Guerra…

Dio da Dio e ancor Luce da Luce
e poi Satana e Tenebra: ch'ogni uomo seduce.
Generato e non creato il dio vero da dio vero
ha venduto salvezza…costruendo un impero.

Credo nell'Ombra e nel Padre del mondo,
alle voci dei morti, ai miei demoni, al sesso;
credo all'Amore e all'Odio profondo…
Io prego. Io credo. Il Verbo professo.

…remissionem peccatorum, carnis resurrectionem, vitam
aeternam.

Amen

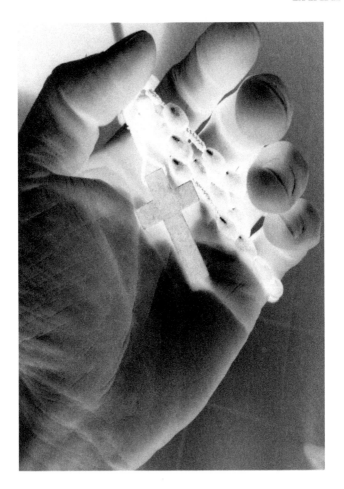

Requiem aeternam

L'eterno riposo dona a me o Signore,
fa che soffra ogni pena e tormento e dolore.
Fa che paghi il mio prezzo per l'amor generato;
voglio fiamme e torture per ogni peccato.

E Risplenda ad essi la Perpetua Luce,
a me tenebre e oblio ch'ogni orrore conduce.
E non più il tuo perdono che sugli uomini è manna;
voglio il sangue e il castigo di un'eterna condanna.

Ho parlato coi morti e mentito ai viventi,
ho mentito a me stesso con penosi lamenti.
Sono il capro votivo che si presta e che tace…
Fa che i vivi s'ammazzino, che riposino in pace.

Amen

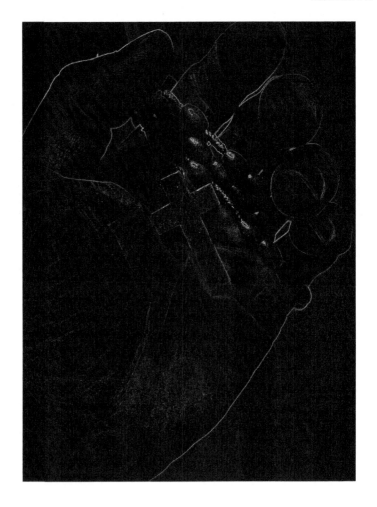

Lutto

Di tutte le preghiere del passato
vi è una che predomina ragione:
il canto dell'amore disperato…
di un fuoco spento ch'era pria passione.

Ti supplico e t'invoco o dea Afrodite!
Ascolta questo schiavo del dolore.
Ti prego volgi gli occhi alle ferite,
le piaghe sanguinanti dell'amore.
Estirpa questo male dalle ossa
e con l'oblio impasta il me distrutto;
poi coll'Amore portami alla fossa
e a te sarò devoto in questo lutto.

E dagli abissi arriverò alle sponde
offrendo il nostro amore ad Acheronte.
Darò a Lui un piccolo tesoro:
gioielli – in pegno – e più monete d'oro.
Che questo amore resti sogno eterno…
ma sia rinchiuso all'ombra dell'Averno.

Preghiera della notte (Ave o Maria)

Dopo il tramonto, al sorgere dell'ombra,
il Me defunto risorge dalla tomba,
così che il sangue non veda mai la sera
e Madre Notte m'induca alla preghiera:

a te rivolgo, madonna dell'amore,
il mio confiteor e l'atto di dolore.
A te rimetto il mio peccato originale
dell'esser uomo commisto ad animale.

Posa i tuoi occhi sul tuo figlio della notte,
colui che in vita ha l'anime corrotte;
su me che il sangue ho sempre venerato
e per il sangue ho ucciso, illuso e amato.

Rimetto e affido il figlio dell'inventio
alle tue braccia, o Vergine Maria,
stringilo al petto soffocando il suo silenzio
fa' sì che muoia...finendo l'agonia.

Amen

XC

Indice

All'interno della raccolta opere dell'artista *Cristina Di Lonardo*.

XCIII

Brandelli d'anima
Arcadio P. Macad

.

V.. AMATA POLVERE

XXVII. LA STAGIONE DEI TORMENTI

LXVII. NEL NOME DEL PADRE

LXXIX. PREGHIERE DELLA SERA

Printed in Great Britain
by Amazon

36073696R00056